Bath • New York • Cologne • Melbourne • Delhi
Hong Kong • Shenzhen • Singapore • Amsterdam

BARBIE™ and associated trademarks and trade dress are owned by
and used under license from Mattel, Inc. © 2014 Mattel, Inc.
All Rights Reserved.

Nach einem Drehbuch von Brian Hohlfeld
Illustrationen: Ulkutay Design Group
Besonderer Dank geht an Diane Reichenberger, Cindy Ledermann, Sarah Lazar, Tanya Mann,
Julia Phelps, Sharon Woloszyk, Rita Lichtwardt, Carla Alford, Rob Hudnut, David Wiebe,
Shelley Dvi-Vardhana, Gabrielle Miles, Rainmaker Entertainment und Walter P. Martishius

Die vollständige oder auszugsweise Speicherung, Vervielfältigung oder Übertragung
dieses Werkes, ob elektronisch, mechanisch, durch Fotokopie oder Aufzeichnung, ist ohne
vorherige Genehmigung des Rechteinhabers urheberrechtlich untersagt.

Die deutsche Ausgabe erscheint bei
Parragon Books Ltd
Chartist House
15–17 Trim Street
Bath BA1 1HA, UK
www.parragon.com

Realisation der deutschen Ausgabe: trans texas publishing GmbH, Köln
Übersetzung: Susanne Lück, Köln

ISBN 978-1-4723-5474-7

Printed in China

Die schüchterne Prinzessin Alexa versucht, im Ballsaal möglichst anmutig zu tanzen. Die anderen erwarten, dass sie alles perfekt beherrscht. Aber sie würde viel lieber ihr Buch lesen. Hoppla, da stolpert sie schon und fällt hin…

Später überreicht Alexas Großmutter ihr ein ganz und gar geheimnisvolles Buch. Darin vertieft spaziert Alexa in den Palastgarten hinaus und liest:

*Es war einmal eine Prinzessin mit magischen Kräften. Eine geheime Tür in ihrem Garten führte in eine verzauberte Welt …*

Verträumt spaziert Alexa weit hinten in den Garten hinaus. Dort entdeckt sie eine Geheimtür – genau wie die aus dem Buch!
Die Prinzessin wird ein wenig nervös, aber bunt funkelnde, glitzernde Pflanzen verlocken sie einzutreten.

Dahinter liegt ein bezauberndes Land voller Blumen und Pflanzenwälder in allen Farben des Regenbogens.
Zwei Bewohnerinnen der geheimen Gartenwelt haben Alexa bemerkt. Gut bewaffnet sind sie auf der Hut vor fremden Eindringlingen!

Alexas Kleidung verwandelt sich wie von Zauberhand in ein fantastisches Glitzerkleid. Die beiden Bewacherinnen heißen Romy und Nori. Als sie sehen, dass sie es mit einer Prinzessin zu tun haben, strahlen sie vor Freude.

Die beiden führen Alexa in Zinnia herum. Sie erzählen ihr, dass die Prinzessin Malucia aus Neid Nori die Feenflügel und Romy die Meerjungfrauenflosse gestohlen hat.

Prinzessin Alexa soll ihnen nun helfen! Die jungen Frauen tanzen vor Freude, und ein paar Feen gesellen sich dazu.

Plötzlich tauchen zwei Schnüffler auf. Sie können Zauberkräfte erschnüffeln und sollen für Malucia Einhörner aufspüren – am wichtigsten ist die Einhornkönigin, das mächtigste Zauberwesen in ganz Zinnia. Nori lenkt die Schnüffler mit duftenden Kräutern ab, und die Freundinnen entwischen unentdeckt.

In einem Wäldchen versucht Alexa zu erklären, dass sie gar keine Zauberkräfte hat. Aber Romy und Nori sind ganz sicher und deuten auf den goldenen Zauberstab in ihrem Haar. Alexa staunt: Sie kann mit dem Zauberstab ihre Kleidung verändern!

Romy und Nori nehmen Alexa mit auf ihre wunderschöne Heimatinsel, die hoch über den Bäumen schwebt. Alle freuen sich über die neue Prinzessin – auch die Einhörner, die dort von den Meerjungfrauen und Feen versteckt werden.

Romy und Nori erklären, warum Malucia so eifersüchtig ist. Sie ist die erste Prinzessin in Zinnia, die ohne Zauberkräfte geboren wurde. Also jagt sie aus Neid alle magischen Wesen, um ihnen die Zauberkraft zu stehlen.

Im Schloss ist Malucia gerade sehr böse auf ihre Diener, die Trogs. Sie wollte eine perfekte Torte für ihre Party, aber ihr Bild auf dem Zuckerguss gefällt ihr nicht. Malucia findet das nicht angemessen für die Feier der großartigsten Prinzessin von Zinnia!

Die Schnüffler haben die junge Fee Nola ins Schloss gebracht. Malucia ist wütend, dass sie die Einhörner noch immer nicht gefunden haben. Aber sie raubt der Fee trotzdem einen Teil ihrer Magie. Als Malucias glühendes Zepter die Fee trifft, verschwinden ihre Flügel.

Malucia will beweisen, was sie mit ihrer gestohlenen Zauberkraft kann, und versucht, das Teeservice zu steuern. Aber das klappt nicht besonders gut, und die Trogs zittern vor Angst. Da unterbricht sie ein Trog, der Malucia eine Karte von dem Wäldchen zeigt, in dem sich die Einhornkönigin versteckt.

Alexa entdeckt unterdessen ihre Zauberkräfte. Sie lässt einen Zweig erblühen und verwandelt die Blüten in bunte Schmetterlinge. Sie findet das einfach traumhaft – aber wie kann sie Zinnia nur helfen?

Nola warnt Alexa, Romy und Nori, dass Malucia die Einhornkönigin jagen will. Wenn sie sich erst einmal deren gewaltige Zauberkraft einverleibt hätte, wäre Malucia unbesiegbar! Die drei Freundinnen schwören, alles zu tun, um die Einhornkönigin zu beschützen.

Alexa überwindet ihre Zweifel und legt los: Mit ihrem Zauberstab holt sie ein riesiges Seerosenblatt herbei und lässt Romy und Nori mit aufsteigen. Nach ein paar Probekurven haben die drei den Bogen raus, und das Seerosenblatt saust mit ihnen zum Wald, um die Einhornkönigin zu finden.

Zum Glück entdecken sie die zauberhafte Einhornkönigin, bevor Malucia sie fangen kann. Nori springt ab und stellt Prinzessin Alexa Ihrer Majestät vor. Sie warnen die Königin vor der drohenden Gefahr und klettern alle zur gemeinsamen Flucht auf ihren Rücken.

Plötzlich erscheint Malucia und folgt der Einhornkönigin auf die schwebende Insel. Die Feen und Meerjungfrauen kämpfen tapfer für die Einhörner, werden aber bald gefangen genommen. Als Alexas Zauberstab zerbricht, versteckt sie sich verzweifelt.

Malucia hat gewonnen und lässt alle Einhörner, Meerjungfrauen und Feen fortbringen. Nur Alexa, Romy und Nori bleiben traurig zurück.

Aber Alexa repariert ihren Zauberstab. Sie ist entschlossen, alle magischen Wesen zu retten!

Als sie zum Schloss kommen, müssen Alexa, Romy und Nori entsetzt zusehen, wie Malucia der Einhornkönigin die mächtigste Magie im ganzen Land raubt. Alexa weiß: Jetzt kommt alles auf sie an!

Alexa macht Malucia einen Vorschlag: Wenn Malucia alle Gefangenen freilässt und ihnen ihre Zauberkraft zurückgibt, will Alexa sie verschonen. Die Herrscherin lacht nur höhnisch und feuert ihr Zepter ab. Aber Alexa hebt ihren Zauberstab, und das Prinzessinnenduell beginnt.

Als sie einen Riss in Malucias Zepter entdeckt, hat Alexa eine Idee und tut so, als gäbe sie auf. Die gierige Malucia will sich sofort alle Zauberkraft von Alexa nehmen. Unter dem Druck der enormen Kräfte beginnt das Zepter immer weiter nachzugeben ...

Da: Malucias Zepter zersplittert, und sie wird zurückgeschleudert. Funkelnde Lichter umwirbeln Alexa. Und wieder wird ihr Kleid verwandelt, diesmal in ein fantastisches Ballkleid mit Blumenmuster.

Als das magische Licht auch Romy und Nori berührt, bekommt Nori ihre Feenflügel und Romy ihre Meerjungfrauenflosse zurück. Die Einhörner haben ihre Zauberkraft in den Hörnern wieder. Glücklich umarmt Alexa ihre Freunde.

Ohne die gestohlenen Kräfte ist Malucia nichts Besonderes mehr.

Nun erstrahlt ganz Zinnia wieder im alten Glanz. Es wird Zeit für Prinzessin Alexa, nach Hause zurückzukehren. Die Einhornkönigin, Romy, Nori und alle Feen und Einhörner winken ihr zum Abschied.

Der Hofball zu Hause wird ein voller Erfolg. Prinzessin Alexa trägt ihr neues Ballkleid und bezaubert alle mit ihrem anmutigen und selbstsicheren Tanzstil. Sie hat ihren wahren Zauber gefunden!